SPICA

© Spica Verlag GmbH
1. Auflage, Oktober 2019

Alle Rechte vorbehalten. Das Werk darf – auch teilweise –
nur mit Genehmigung des Verlages wiedergegeben werden.
Für den Inhalt des Werkes zeichnet der Autor selbst
verantwortlich.

Autor: Hubert Michelis
Umschlagabbildung: © Dürken Abb
Gesamtherstellung: Spica Verlag GmbH

Printed in Europe
ISBN 978-3-946732-59-4

Hubert Michelis

BEWUSSTER UND GLÜCKLICHER LEBEN DURCH

Entschleunigung

Stop. Think & Go!

Täglich kurz innehalten und
nachdenken ...!

An jedem Tag,
365 mal im Jahr ...

... sich und das Leben
anschauen.

Und dann erst weitergehen
und sich verändern.

1. Januar

NEUJAHRSTAG

Was erwarten wir vom neuen Jahr?

~ Lernen wir, für die kleinen Dinge dankbar zu sein, dann werden wir nicht enttäuscht.

2. Januar

Was würden wir mit Gott anstellen,
könnten wir ihn in das Korsett unserer
Gedanken zwingen?

3. Januar

Kennst du das?

~ Unter Menschen und doch
ganz allein ...

4. Januar

Keiner wird die ganze Welt verändern.
Man ändert ja noch nicht einmal sich
selbst!

5. Januar

Menschliches Zusammenleben funktioniert nie reibungslos. Aber werden dadurch nicht unsere Ecken und Kanten weggeschliffen?

6. Januar

Es gibt nichts Neues unter der Sonne! Ist das wahr? Die Ostkirche feiert heute ihr Weihnachtsfest. Erscheinung des Herrn:

» *Epiphanie* «

~ Ein Tag des Lichts und der Freude!

7. Januar

Man wird allein geboren und stirbt auch allein.

8. Januar

Last oder Geschenk?

Niemand hat mich vorher gefragt, ob ich geboren werden will...

9. Januar

Wer sich selbst durchschaut, kennt alles!

10. Januar

Der Traum führt uns die wahren Motive
unseres Handelns vor Augen.

11. Januar

Wahrhaftigkeit ist eine große Tugend.

12. Januar

Reden und doch nichts sagen.

~ Besser, wir schweigen.

13. Januar

Die Selbsterkenntnis ist schmerzhaft und
läutert den Menschen.

14. Januar

Die » *Dinge* « für selbstverständlich zu nehmen, verschließt dem Menschen den Zugang zur tieferen Erkenntnis.

15. Januar

Wir Menschen leben auf einer Erdkugel unter einer einzigen Glocke; Luft und Wasser gehören uns allen.

16. Januar

Die Zeiten, in denen die Europäer sagen
konnten, die anderen gingen sie nichts an,
sind längst vorbei.

17. Januar

Im Fragen erschließen sich uns Welten.

18. Januar

Der Mensch ist sich Frage und Aufgabe zugleich.

19. Januar

Fragen bedeutet nicht Nichtwissen.

20. Januar

Leben heißt permanente Veränderung.

21. Januar

Hunger und Kriege bleiben eine Utopie,
solange die herrschenden Eliten sich
dabei goldene Nasen verdienen.

22. Januar

Die Menschheit wird lernen müssen zu teilen oder sie wird untergehen.

23. Januar

Frieden meint mehr als das Verstummen des Kanonendonners.

24. Januar

Das Leben ist ein unergründliches
Geheimnis.

25. Januar

Glauben und Hoffnung vergehen; sie sind Ausdruck der Zeitlichkeit. Was bleibt, ist die Liebe.

26. Januar

Kriege wegen Wassermangels sind vorprogrammiert.

~ Was für eine Welt!

27. Januar

Unsere Erde und ihre Ressourcen sind endlich und begrenzt. Die Rede vom immerwährenden Wachstum ist eine Lüge.

28. Januar

Wir sind Opfer und Täter zugleich.

~ Wie fühlen wir uns dabei?

29. Januar

Intelligentes Wachstum ist
rohstoffintensive Wachstum
vorzuziehen!

30. Januar

Leben ist Sein in der Zeit. Einer Zeit, die es nicht wirklich gibt.

~ Ist alles nur Schein?

31. Januar

Die Probleme der Menschheit werden
immer mehr zu globalen Krisen.

Hunger, Kriege, Umwelt- und
Naturkatastrophen kehren wie ein
Bumerang zu uns zurück.

1. Februar

Arbeit ist ein teilbares Gut. Möglichst viele sollten davon profitieren.

2. Februar

Nicht alles, was machbar ist, ist gut.
Welche Kriterien entscheiden darüber?

3. Februar

Haben wir eigentlich noch Werte?

~ Was zählt für mich?

4. Februar

Wer oder was wird den Menschen in Zukunft Selbstbestätigung oder soziale Kompetenz geben?

5. Februar

Wie definiert sich eigentlich der postmoderne Mensch, wenn er nicht mehr arbeitet?

6. Februar

Die Digitalisierung wird viele Fragen mit sich bringen. Sie wird uns zwingen, wieder nach unserem Menschsein zu fragen.

7. Februar

Das Wissen des Menschen um sich selbst steckt in einer schweren Krise. Wir wissen so vieles, aber was wissen wir über uns selbst?

8. Februar

Der Mensch ist ein vernunftbegabtes Wesen, weder Engel, noch Tier. Er konnte in der Evolution nur aufgrund seiner verstandesmäßigen Möglichkeiten überleben.

9. Februar

Die Afrikaner sagen: „Ein hungriger

Bauch hat keine Ohren!"

10. Februar

Wer soll uns nach Gottes Tod noch die Sünden vergeben?

11. Februar

Da der heutige Mensch nicht mehr erlöst werden will, muss er sich selbst erlösen.

~ Aber kann er das?

12. Februar

Die Armut und das Elend dieser Welt sind eine Quelle des Unfriedens.

13. Februar

Gewissheit ist besser als vage Hoffnungen.

14. Februar

Die Habgier ist die Ursache für die Not
vieler Menschen.

15. Februar

Ohne Gerechtigkeit kein Frieden!

16. Februar

Die entscheidende Frage ist: Worauf gründet sich meine Hoffnung?

17. Februar

Was ist Liebe?

18. Februar

Jedem das Gleiche zukommen zu lassen,
kann großes Unrecht sein.

19. Februar

Was ist Gerechtigkeit?

20. Februar

Liebe meint immer den anderen.

21. Februar

Was in Liebe geschieht, überdauert die Zeit und bleibt in Ewigkeit.

22. Februar

Die Bibel sagt: „Liebe rechnet nicht auf,
sondern verschenkt sich."

~ Und macht das nicht auch glücklich?

23. Februar

Unter den vielen Masken im Alltag, gibt
man sich unter der Karnevalsmaske
endlich mal demaskiert.

24. Februar

ROSENMONTAG

Die Langeweile macht uns die eigene Unzulänglichkeit bewusst. Und wie oft stürzen wir uns dann wieder ins Vergnügen?

25. Februar

Die Taten der Großen und Mächtigen haben diese Welt nicht besser gemacht. Vielleicht schaffen es ja die Harlekins und Clowns, wenn sie uns zum Lachen bringen?

26. Februar

ASCHERMITTWOCH

Lebe bewusst und werde wesentlich.

27. Februar

Das Große des menschlichen Lebens
geschieht in Millionen kleinen Schritten.

28. Februar

Auch die kleinen Dinge des Lebens
müssen getan werden.

29. Februar

Das Nichtstun kann wichtiger sein als eine große Tat.

1. März

Leben ist Streben.

~ Fragt sich allerdings, wonach?

2. März

Ein Wort kann Sinn stiften, Vertrauen schenken, aber auch Krieg und Tod bedeuten.

3. März

Ein Wort, das man missbrauchen kann:

»*Stillstand ist Rückschritt*«

4. März

Jeder Mensch ist zu etwas Großem bestimmt.

5. März

Das Wort ist ein blankes Schwert in des Menschen Hand. Gib Acht, eh du zu reden wagst!

6. März

Der postmoderne Mensch fragt nicht
mehr nach der Wahrheit und ist zum
Eklektiker geworden.

7. März

Entwurzelte vertreten Meinungen; es fehlt ihnen an Überzeugungen.

8. März

Glauben ist kein Lückenbüßer für das,
was man nicht weiß.

9. März

Glaube geht über die Vernunft hinaus und steht nicht im Widerspruch zu dieser.

10. März

Überzeugungen kommen aus einer tieferen Verwurzelung des Menschen.

11. März

Trotz des vielen Geredes von Toleranz war
man selten intoleranter als heute.

12. März

Die Familie ist die natürliche Keimzelle
jeder Gesellschaft.

13. März

Wer wirklich etwas zu sagen hat, hält sich
von allem Geplapper fern.

14. März

Das Zerreden ist ein Kennzeichen unserer Zeit.

15. März

Die Wirklichkeit übersteigt das menschliche Denken um die unendliche Dimension des nicht mehr Vorstellbaren.

16. März

Tragisch, wenn heute viele Menschen die Wirklichkeit auf die Begreifbarkeit durch ihren Verstand reduzieren!

17. März

Das Sichtbare vergeht; das Unsichtbare
ist das Eigentliche und Bleibende.

18. März

Alles unterliegt dem Wandel und ändert sich, auch wir selbst.

19. März

Was ist das Leben?

~ Was macht es aus?

20. März

Die empirisch-exakten Naturwissenschaften sehen vor lauter Fakten und Daten den Wald nicht mehr. Zeit, wieder nach den größeren Zusammenhängen zu fragen!

21. März

Glücklich der Mensch, der nicht von seinen Gefühlen, Stimmungen oder Trieben beherrscht wird.

22. März

Tu Gutes im Verborgenen!

~ Es kehrt zu dir zurück.

23. März

Das Leben beginnt jeden Tag neu, eine Herausforderung!

24. März

Die Liebe ist stärker als der Tod.

~ Einer hat es bewiesen!

25. März

Viele sagen: Es ist noch niemand zurückgekommen! Die Bibel verkündet die Auferstehung Jesu Christi.

~ Was ist wahr?

26. März

Eine verdummte Zeit, die plappert und plärrt, ohne viel zu denken.

27. März

Glücklich, wer die Stille und auch sich

selbst erträgt.

28. März

Die Unzufriedenheit ist die Wurzel vieler Übel und Leiden.

29. März

Der Mensch ist wie ein Rohdiamant. Um für andere zu strahlen, muss er bereit sein, sich schleifen zu lassen.

30. März

Besiege dich selbst und die Welt liegt dir zu Füßen.

31. März

Die Bibel sagt: „In der Liebe ist keine Furcht."

~ Wäre das nicht wunderbar?

1. April

Eine Tugend, an der es oft mangelt, ist die Dankbarkeit.

~ Sie macht den Menschen glücklich.

2. April

„Allein die Wahrheit vermag dich frei zu machen", behauptet die Bibel.

∼ Gibt es sie denn?

3. April

In der Einsamkeit kann der Mensch zu
sich selbst finden.

4. April

Frieden?

~ Wer ihn nicht mit sich selbst gemacht hat, kann ihn anderen nicht schenken.

5. April

Nur der findet zum Du, der zu sich selbst gefunden hat.

6. April

Im Lichte der Erkenntnis Gottes vermag der Mensch, seine Unzulänglichkeit und sein Versagen zu erkennen.

7. April

Wie schwer ist es für einen Atheisten,

nicht an Gott zu glauben!

8. April

Die Existenz Gottes ist einfach zu evident und überwältigend, um nicht an ihn zu glauben.

9. April

Wenn dir das Schwere leicht, das Bittere
süß und das Hässliche schön vorkommen,
fängst du an zu begreifen.

10. April

KARFREITAG

Wer kann uns die Schuld vergeben, wenn Gott tot ist?

11. April

KARSAMSTAG

Tag der Grabesruhe / Christi Hinabsteigen ins Totenreich

Der Tod ist das Grundproblem des Menschen.

12. April

OSTERSONNTAG

Um die Wirklichkeit zu begreifen, muss man sie übersteigen bis in das Licht der Auferstehung hinein, Ostern!

~ Tod, wo ist dein Stachel!?

13. April

OSTERMONTAG

Die einzige Tatsache dieses Lebens, um die ich wirklich weiß, ist die, dass ich sterblich bin.

~ Wieso dann nicht die Hoffnung ergreifen, die Christus uns geschenkt hat?

14. April

Wirkliches Verstehen beginnt erst jenseits der Vernunft.

15. April

Der Mensch ist weder Engel noch Tier;
er ist herrlich und erbärmlich schwach
zugleich.

16. April

Der Mensch als biologisches
Mängelwesen musste sich eine zweite
Natur erschaffen.

17. April

Die zweite Natur des Menschen ist die Zivilisation. In der freien Natur könnte er nicht überleben.

18. April

Franz von Assisi meinte, wer nichts besitzt, würde auch keine Waffen benötigen, um sein Eigentum zu verteidigen.

~ Und hat er nicht recht?

19. April

Sei du selbst und du wirst in dein Bild umgeformt und der sein, der du immer sein solltest.

20. April

Strebe nach dem, was in dir ist!

~ Was hält dich davon ab?

21. April

Habe den Mut, Entscheidungen zu treffen
und auch Fehler zu machen.

22. April

Angst lähmt den Menschen und nimmt
ihm den Mut zur Entscheidung.

23. April

Die Angst ist wie ein Gespenst. Sie ist unbestimmt, man kann sie nicht greifen.

24. April

Immanuel Kant meinte: „Habe den Mut, dich deines Verstandes zu bedienen."

~ Der erste Schritt, um frei zu werden.

25. April

Wer wirklich frei werden will, muss nach der Wahrheit streben, und sich selbst erkennen.

26. April

Die Wahrheit ist für uns Menschen nie als

Ganze fassbar.

27. April

Aus gedachter Möglichkeit wird Wirklichkeit; wir müssen es nur wollen!

28. April

In der Bibel heißt es: „Gott dachte und es wurde."

∼ Bedingungslos und ohne Diskrepanz!

29. April

Originale scheinen nicht mehr in unsere
Zeit und Welt zu passen.

30. April

Was ist eigentlich wichtig für dich und dein Leben?

1. Mai

Was uns fehlt, sind gute Geschichten,
Mythen und Märchen!

2. Mai

Unsere Sprache ist abgedroschen und verbraucht wie ein ausgelatschter Schuh.

3. Mai

Wir sagen nicht mehr, was wir fühlen und wirklich denken.

4. Mai

Freundschaft bedeutet, dass man
einander rückhaltlos vertraut.

5. Mai

Wenn Eheleute zu Freunden werden, ist das etwas Großartiges!

6. Mai

Unter Freunden gibt es keinen Hass oder Neid.

7. Mai

Gibt es ein schöneres Bild als ein altes Paar, das Arm in Arm wie frisch Verliebte über die Straße geht!?

8. Mai

Lüge erstickt jedes menschliche Miteinander im Keim.

9. Mai

Wir unterschätzen heute die fatalen Folgen der Lüge. Nichts ist zerstörerischer!

10. Mai

MUTTERTAG

Einem Freund kann man alles sagen.

~ Einer Mutter vielleicht auch.

11. Mai

Eine Folge der Angst kann die Aggression sein.

12. Mai

Wer mit dem Rücken an die Wand
gedrängt ist, neigt zu Gewalt.

13. Mai

Alles Unbekannte und Fremde lässt uns
auf Distanz gehen, und das Unbekannte
stellt etwas Bedrohliches dar. Der Fremde
ist es umso mehr.

~ Wie gehen wir damit um?

14. Mai

Wer täglich an den Tod denkt, gewinnt die richtige Sicht auf das Leben.

15. Mai

Bist du eigentlich glücklich?

~ Was hindert dich daran?

16. Mai

Nichts brauchen wir mehr als Menschen,
die zu sich selbst gefunden haben.

17. Mai

Wer nur einen Menschen liebt und wem
die anderen gleichgültig sind, weiß nicht,
was Liebe ist.

18. Mai

„Die Normalen sind die Kränksten und die Kranken die Gesündesten", sagte Erich Fromm.

~ Mal ehrlich, was denken Sie über sich selbst?

19. Mai

Die Grenze menschlicher Freiheit heißt
Toleranz und bedeutet Verantwortung.

20. Mai

Bewusster und glücklicher leben?

~ Täglich innehalten, kurz nachdenken
und dann erst weitergehen!

Stop, Think & Go!

21. Mai

CHRISTI HIMMELFAHRT

Keiner lebt für sich allein, und jeder ist immer auch Mitmensch. Christus hat es uns vorgelebt.

22. Mai

Ein Glück, dass es die Anderen gibt!

23. Mai

Der liebevolle Umgang mit den
Mitmenschen ist eine Lebensaufgabe.

24. Mai

Um wirklich Mensch zu sein, muss man bestrebt sein, sich fortzuentwickeln.

25. Mai

Wenn jeder das Wohl des Anderen erstreben würde, müsste man um sich selbst keine Sorgen haben.

26. Mai

Beim heutigen Turbokapitalismus habe ich das Gefühl, man versucht die Sklaverei durch die Hintertür wieder einzuführen!

27. Mai

Wie viele große Erfindungen oder
Entdeckungen der Menschheit
entsprangen Zufällen oder der Intuition?

28. Mai

Da der moderne Mensch nicht mehr nach der Wahrheit fragt, weiß er auch nicht mehr, woher er kommt oder wer er ist.

29. Mai

Wer ist der Mensch, woher kommt er, wo geht er hin?

~ Haben Sie es sich schon mal gefragt?

30. Mai

Sind sie sich bewusst, dass wir nur
durch die Hülle unseres Leibes von jener
unsichtbaren Welt getrennt sind?

31. Mai

PFINGSTSONNTAG

Der Geist weht, wo er will!

1. Juni

PFINGSTMONTAG

Innehalten, nachdenken und dann weitergehen. Das ist der Anfang zu einem neuen Menschen und zu einer lebenswürdigeren Welt!

2. Juni

Viele Menschen sind heute so angespannt,
dass ihre Nerven blank liegen.

3. Juni

Immer wieder innehalten und
durchatmen. Stop and go!

~ Und das nicht nur im Straßenverkehr ...

4. Juni

Der heutige Mensch überfordert sich pausenlos.

~ Wie lange wird er das aushalten?

5. Juni

Der Mensch als Teil der Natur ist in seinem Verhalten nicht festgelegt. Er hat die Möglichkeit der freien Entscheidung.

6. Juni

Die Globalisierung wird zu wenig als Chance begriffen. Man versteht sie in erster Linie ökonomisch.

7. Juni

Leben und leben lassen, sagt man. Nie war von verrecken lassen die Rede!

8. Juni

Der Baum ist wie seine Wurzel, und die Wurzel bestimmt den Baum.

9. Juni

Eine Frucht der Einsamkeit ist die Weisheit.

10. Juni

Der heutige Mensch braucht Geselligkeit und Ablenkung, sonst würde er sich selbst nicht ertragen.

11. Juni

Wer etwas Großes vollbringen will, muss zuvor lange geschwiegen haben.

12. Juni

» *Christliche Werte ?* «

~ Na schön, aber komm mir jetzt nicht
mit der Politik!

13. Juni

Toleranz bedeutet, die Werte von Minderheiten zu schützen.

14. Juni

Toleranz heißt nicht, dass eine Mehrheit
ihre Werte aufgeben muss!

15. Juni

Haben wir eigentlich noch Werte?

~ Welche hast du?

16. Juni

Man sagt: „Jede Arbeit ist ihres Lohnes wert."

~ Aber ist das wirklich so?

17. Juni

„Man soll dem dreschenden Ochsen nicht das Maul verbinden", sagt die Bibel!

~ Und das in Zeiten des Mindestlohns!

18. Juni

Man spricht heutzutage nicht mehr
von seelischen Krankheiten, sondern
Störungen. Aber wer ist dann nicht

» *gestört* « ?

19. Juni

Der heutige Mensch scheint sein Selbst
verloren zu haben.

20. Juni

Der Schwund an menschlichem Mitgefühl
ist ein Symptom unserer Zeit.

21. Juni

Ich fürchte, wir sind zu satt, um noch echte Freude zu empfinden.

22. Juni

Ein Gesicht mit Falten und Runzeln kann wunderschön sein.

23. Juni

Allein die innere Ausstrahlung macht
einen Menschen schön oder hässlich.

24. Juni

Die Augen sind der Spiegel der Seele.

25. Juni

Über die Augen kann man in einen
anderen Menschen hineinsehen wie in
einen glasklaren Gletschersee.

26. Juni

Nichts tut uns so gut wie herzhaftes Lachen.

27. Juni

Das wirklich Gute und Schöne kommt still
und unscheinbar daher.

28. Juni

Wie viel deiner Energie investierst du in deine geistige Fortentwicklung?

29. Juni

Toleranz?

~ Ein Muss in einer globalisierten Welt und doch nicht selbstverständlich.

30. Juni

Krisen sind Chancen für positive Veränderungen.

1. Juli

Die Leiden in dieser Welt müssen einen
Sinn haben!

2. Juli

Wenn der Tod das fundamentale Problem des Menschen ist, was bedeutet dann das Leben?

3. Juli

Gott wird uns nicht fragen, was wir Großes geleistet haben oder wie viel wir besaßen.

~ Ihn interessiert, ob wir zu anderen liebevoll waren.

4. Juli

Wenn dir das Schwere leicht, das Bittere süß und das Hässliche schön vorkommen, fängst du an zu begreifen.

5. Juli

Für alles, was wir tun oder nicht tun, sind wir verantwortlich.

6. Juli

Das Leben ist uns nur geliehen. Was machen wir daraus?

7. Juli

Gelungenes Leben?

~ Schon mal gedacht, dass Gott für jeden von uns einen einmaligen Plan haben könnte!?

8. Juli

Der Mensch ist reinste Möglichkeit.

~ Bedauerlich, dass er sein Potential so wenig nutzt.

9. Juli

Wer täglich kurz innehält und nachdenkt,

hat schon viel erreicht.

10. Juli

Schon komisch!

~ Heute muss sich Gott vor dem Menschen rechtfertigen, nicht mehr die gefallene Kreatur vor ihrem Schöpfer!

11. Juli

Toleranz ist keine Einbahnstraße!

12. Juli

Suche nach dem inneren Frieden, den diese Welt dir nicht zu geben vermag.

13. Juli

Der Mensch ist der Verwalter der Schöpfung, nicht ihr Herr.

14. Juli

Grenzenlose Freiheit ohne Verantwortung
wäre Willkür und würde ins Chaos führen.

15. Juli

Indem sich der Mensch verschenkt, findet er zu sich selbst. Sich verlieren, um sich dann wiederzufinden. Das sagte auch Christus.

16. Juli

Meine Freiheit wäre unbegrenzt, wäre da nicht die Freiheit der Anderen!

17. Juli

Freiheit bedeutet nicht Freiheit wovon, sondern wofür.

18. Juli

Das Leben ist ein einziger
Transformationsprozess.

19. Juli

Freiheit versus Sicherheit?

∼ Bei der Digitalisierung müssen wir dieses Problem lösen.

20. Juli

Nur solange sich ein Mensch weiterentwickelt, ist er wirklich ein Mensch.

21. Juli

Das Ziel des Lebens ist die Überwindung der Materie durch den Geist, der alles bis in die letzte Faser durchdringen will. Man muss ihn nur freisetzen!

22. Juli

Der Geist muss wachsen und stärker
werden; er allein macht lebendig.

23. Juli

In einer Welt ohne Gott wird das zwischenmenschliche Klima zunehmend kühler und anonymer.

24. Juli

Das Leben ist die Schule, in der sich der Mensch weiterentwickeln soll.

25. Juli

Wende dich ab vom Äußeren und kehre ein in dich selbst. Hier wirst du zu dir kommen und Frieden finden.

26. Juli

Den Stolzen und Hochmütigen kann selbst Christus nicht erlösen.

27. Juli

Sei so verantwortlich, als wäre es deine Welt!

28. Juli

Nach der Bibel ist der Mensch der Tempel des Heiligen Geistes.

~ Der ganze Mensch, auch sein Körper.

29. Juli

Gott liebt diejenigen, die reinen Herzens sind.

30. Juli

Was uns heute völlig abgeht,
ist das Bewusstsein unserer
Erlösungsbedürftigkeit.

31. Juli

Der Schlüssel zum Herzen Gottes sind die Armen und Unterdrückten.

1. August

„Liebe und tue, was du willst", sagt
Augustinus.

~ Und hat er damit nicht alles gesagt?

2. August

Der Mensch weiß oft nicht, was er tut.

Schlimmer jedoch ist, dass er nicht weiß,

was er unterlässt.

3. August

Würde die Liebe herrschen, bedürfte es
keiner weiteren Gebote oder Gesetze,
nicht einmal der Polizei.

4. August

Der Eine und Einzige hat sich uns in Jesus Christus geoffenbart. Sein Wort und sein Verhalten zeigen uns, wie Gott ist.

5. August

Die Bibel nennt Jesus das sichtbare Bild des unsichtbaren Gottes. Was könnte es Größeres geben?

~ Was wäre mehr zu sagen?

6. August

Die Afrikaner sagen: „Wo die Nadel durchgeht, wird der Faden folgen."

~ Die Nadel als Sinnbild für Christus, den Auferstandenen, der uns vorausgegangen ist.

7. August

Was braucht es endlose Wiedergeburten, wenn der Mensch gleich erlöst werden kann?

8. August

Durch manche Leiden vermag der Mensch
weiser zu werden.

9. August

Geduld ist eine große Tugend.

~ Hätte ich nur mehr davon!

10. August

Wie will ein Mensch sich im Gebet Gott zuwenden, wenn er nicht mit seinem Nächsten Frieden geschlossen hat?

11. August

Die intuitive Logik des Herzens ist größer
als alle Vernunft und führt dich zu Gott.

12. August

Die Wahrheit ist einfach; sie zu erfassen
bedarf kindlicher Einfalt.

13. August

Das Gute zu unterlassen, kann einen
Menschen zum Verbrecher machen.

14. August

Heimat, ein Ort?

~ Martin Heidegger meinte, Heimat sei da, wo man verstünde und auch verstanden würde.

15. August

Wo sind sie, die heutigen Geschichten-
und Märchenerzähler?

16. August

Es ist etwas Großes, wenn ein Mann weinen kann und sich seiner Tränen nicht schämt.

17. August

Schäme dich nicht deiner Tränen!

~ Sie reinigen die Seele.

18. August

Wer Gott vertraut, hat nicht auf Sand gebaut.

19. August

Das Leben kennt tausendfache
Wiederholungen, aber jeder Augenblick
deines Lebens ist neu!

20. August

Die Gegenwart ist nicht greifbar. Man kann sie nicht festhalten, nur leben und erleben.

21. August

Glücklich der Mensch, der in der
Gegenwart lebt!

22. August

Wer bloß in die Zukunft schaut, macht sich zu viele Sorgen.

23. August

Wir sind dazu geschaffen zu leben, nicht zu vegetieren.

24. August

Das Spielen mit der menschlichen Angst

ist für andere ein großes Geschäft.

25. August

Man kommt erst zur Ruhe, wenn man die Angst ablegt, etwas zu verpassen.

26. August

„Unruhig ist unser Herz bis es ruht in Dir", spricht Augustinus.

~ Und ist es nicht wirklich so um uns bestellt?

27. August

Der Kreative lebt ganz im Augenblick und verliert sich in ihm.

28. August

Der Schöpfer überließ uns diese Welt, um sie zu vollenden und nicht zu zerstören.

~ Stellen wir uns unserer Verantwortung!

29. August

Was für ein Unglück, dass der Mensch nicht erkennt, wie glücklich er sein könnte!

30. August

Fühle dich verantwortlich für alles und jeden.

31. August

Der Christ ist Bürger zweier Welten. Er lebt zwar noch in dieser Welt, aber er erwartet zugleich eine andere.

1. September

Man sollte die tieferen Motive seines Handelns erforschen, um ein erfülltes Leben zu führen.

2. September

Deine Träume verraten dir, wer du wirklich bist.

3. September

Wenn du wissen willst, was dich und dein Handeln wirklich bestimmt, lerne, auf die Botschaft deiner Träume zu hören.

4. September

Wie kindisch, ein Leben lang in Illusionen zu verharren!

5. September

Zwiespalt!

~ Man kann für andere ein »guter Mensch« sein und doch aus sehr niedrigen Motiven handeln.

6. September

Erkenne dich selbst!

~ Das wussten nicht nur die alten Philosophen. Es ist von größter Bedeutung, um seine innersten Beweggründe zu erforschen.

7. September

„Liebt die gesamte Schöpfung! Jedes Blatt und jeden Sonnenstrahl! Wenn ihr das tut, werden sich euch die Geheimnisse des Göttlichen offenbaren." Das sagte Fjodor Michailowitsch Dostojewski, ein Mann, der sein Leben lang nach Gott gesucht hat.

8. September

Steh endlich auf und werde ein richtiger Mensch!

9. September

Menschliche Freiheit verwirklicht sich nicht im luftleeren Raum, und nach Jean-Paul Sartre darf es bei der Realisierung dieser Freiheit nicht allein um Worte gehen.

Es bedarf dazu der Tat, der verantworteten sittlichen Tat!

10. September

Sartre meint in seinem Hauptwerk „Das Sein und das Nichts", dass der Mensch absolut frei, ja zur Freiheit verdammt sei! Zu dieser schier unbegrenzten Freiheit des Menschen gehört allerdings auch seine Verantwortung.

~ Die Verantwortung ist für Sartre die Kehrseite dieser Medaille.

11. September

Woher kommt nur das Böse?

~ Augustinus sagt, es sei der Mangel an Gutem.

12. September

Das Böse ist keine Idee!

~ Es ist eine Wirklichkeit, die in jedem von uns steckt.

13. September

Wir dachten, wir wären nun frei und merkten nicht, dass wir uns neue Ketten angelegt hatten. Es waren unsere Selbstbeschränkungen, weil wir nicht an die wirkliche Freiheit glaubten.

14. September

Aber wie soll man das Böse überwinden?

~ Paulus sagt: Der Geist ist willig aber das Fleisch [unser Ich] ist schwach.

15. September

Wir müssen lernen, auf manches zu verzichten, um innerlich frei zu werden.

16. September

Ohne Selbstdisziplin und Askese gibt es keine Freiheit.

17. September

„Alles, was uns widerfährt, soll uns zum Guten gereichen", meint der Apostel Paulus.

~ Ist das nicht eine Zumutung?

18. September

Wenn wir anfangen, das Schlechte und Üble, das uns widerfährt, positiv zu sehen, wird es uns verändern.

19. September

„Prüft alles, das Gute behaltet", sagt Paulus.

~ Man muss staunen, wie viel Eigeninitiative er den ersten Christen zugetraut hat!

20. September

Das Leben ist voller Möglichkeiten.

~ Aber welche von ihnen ist gerade jetzt die richtige?

21. September

Jede Entscheidung ist eine kleine
Herausforderung.

~ Wahlfreiheit eben!

22. September

Wir sollen wachsen und uns
weiterentwickeln. Leicht gesagt!

~ Wir sollten lernen, unsere Wahlfreiheit
nach Werten zu sortieren ...

23. September

Fangen wir endlich an, Gutes zu tun!

24. September

Jeder neue Tag ist ein Geschenk und eine neue Chance.

25. September

Warte nicht auf die Anderen, fang selbst an!

~ Utopien machen Sinn.

26. September

Illusionen sind Selbsttäuschungen, die uns nicht schützen, sondern am wahren Menschsein hindern.

27. September

Wohl dem, der auf Gottes Wegen geht.
Der Mensch wird es nicht bereuen und
alle Götzenbilder in seinem Innern
zertrümmern.

28. September

Ach, lass doch deine Sünden fahren! Du bist erlöst, indem du an Christus glaubst.

~ Das reicht!

29. September

„Wer im Herzen glaubt und mit seinem Mund bekennt:

» Christus ist der Herr «,

der ist gerettet", verheißt Gottes Wort.

~ Kein Wort hier über die Taten und Werke!

30. September

„Wer viel liebt, dem ist auch viel vergeben", sagt die Bibel. Ein herrliches Wort, das uns zu trösten vermag.

1. Oktober

Gleichgültigkeit ist ein schrecklicher Zustand.

~ Ein Vorbote des Nihilismus?

2. Oktober

Das

» Erkenne dich selbst! «

der alten Griechen ist der Schlüssel für alles.

3. Oktober

TAG DER DEUTSCHEN EINHEIT

Worte können Frieden stiften und
Versöhnung bedeuten.

4. Oktober

Je tiefer der Mensch in seinem Inneren gräbt, desto mehr erkennt er sich selbst und die anderen.

5. Oktober

Worte können wie Giftpfeile sein und andere tief verletzen.

6. Oktober

Worten müssen Taten folgen, sonst sind sie nichts wert.

7. Oktober

Nach mir die Sintflut?

∼ Oder interessieren mich die anderen wirklich?

8. Oktober

Menschen können lügen und sich
verstellen; Tiere können das nicht.

9. Oktober

Beten heißt nicht plappern und viele Worte machen, sondern mit dem Herzen beten.

10. Oktober

Aristoteles meinte, das Staunen sei der Anfang der Weisheit.

~ Man sollte nur in den klaren Sternenhimmel sehen ...

11. Oktober

Werden wie die Kinder?

~ Das spielende Kind vergisst sich selbst und lebt ganz im Augenblick.

12. Oktober

Urteile nicht, bevor du die Beweggründe des anderen wirklich kennst.

13. Oktober

Das Leben spielt wie es will.

~ Ob wohl ein Plan dahinter steckt?

14. Oktober

Haben Sie alles im Griff?

~ Wie, Sie auch nicht!?

15. Oktober

Wie gerne machen wir Gott für unser
menschliches Versagen verantwortlich?

16. Oktober

„Du sollst Vater und Mutter ehren", sagt die Bibel.

~ Man muss seine Eltern nicht lieben, aber zumindest sollte man sie respektieren.

17. Oktober

Im Vaterunser beten wir:

»Vergib uns unsere Schuld,
wie auch wir vergeben unseren
Schuldigern.«

Im Urtext heißt es: „Wie auch wir [zuvor] unseren Schuldigern vergeben haben."

~ Gott nimmt uns eben ernst!

18. Oktober

Was würdest du machen, wie reagieren, wenn dir der Arzt sagte, du hättest nur noch einige Wochen zu leben?

19. Oktober

Mag ein Leben noch so verpfuscht und

misslungen sein.

~ Gott sieht das anders!

20. Oktober

Fehler und Sünden sind nichts als die misslungenen Versuche, glücklich zu werden.

21. Oktober

Das Lachen und das Weinen sind wie Geschwister.

22. Oktober

Man sollte nicht zu Bett gehen, ohne mit seinem Mitmenschen, mit dem man sich entzweit hat, Frieden zu schließen.

23. Oktober

Die meisten großen Geister dieser Welt
haben Gott erkannt.

24. Oktober

Wie viele können nicht annehmen, dass Christus sie erlöst hat.

~ Und doch ist es wahr!

25. Oktober

Jeder Mensch hat in dieser Welt eine
Aufgabe und eine Berufung.

26. Oktober

Ein Jeder sollte versuchen, diese Welt ein wenig menschlicher und schöner zu machen.

~ Was kannst du dazu beitragen?

27. Oktober

Freiheit ist der Mut, sich vom Mainstream der Meinungen zu verabschieden und anzufangen, sein Leben selbstbestimmt zu führen.

28. Oktober

Sehen Sie das auch so?

∼ Jeder Tag ist ein neues Abenteuer.

∼ Man muss nur mit offenen Augen durchs Leben gehen!

29. Oktober

Die Weisen und Klugen dieser Welt konnten noch nie etwas mit der Torheit des Kreuzes anfangen.

~ Es bedarf kindlicher Einfalt und großer Demut, diese zu erkennen!

30. Oktober

Was zählt wirklich im Leben? Materieller Besitz oder Konsum?

~ Ich muss lachen ...

31. Oktober

Um die Wirklichkeit zu begreifen, muss man sie übersteigen durch eine höhere Art des Denkens. Es ist das Denken mit dem Herzen.

1. November

ALLERHEILIGEN

Wir sind eine große Gemeinschaft der
Lebenden und der bereits Verstorbenen,
die uns vorausgegangen sind.

2. November

Die Welt schreit geradezu nach einer Gerechtigkeit, die über diese Welt hinausgeht.

3. November

Der Kapitalismus lebt vom Wettstreit konkurrierender Märkte und wie leicht wird der Mensch dabei zum Feind des anderen!

4. November

Hochmut ist eine grässliche Sünde!

~ Wieso?

~ Der Hochmütige braucht keinen Gott!

5. November

Wir leben in einer funktionalen, effektiven
und kalten Welt und Zeit.

6. November

Anscheinend muss die Menschheit wie ein neugeborenes Kind mit jeder Generation wieder ganz von vorne anfangen.

7. November

Und ständig muss man sich entscheiden!

~ Sehen wir es als Möglichkeit zur Freiheit an, nicht als lästige Pflicht!

8. November

Der Mensch ist frei und darf sich selbst

entwerfen!

∼ Ob wir den Mut dazu haben?

9. November

Welche Entscheidungen unseres Lebens
treffen wir ganz bewusst?

10. November

Wie lächerlich, Gott für unser menschliches Versagen verantwortlich machen zu wollen.

11. November

Habe keine Angst davor, Fehler zu begehen!

~ Wir lernen daraus.

12. November

Wende dich ab vom Äußeren und neige dich deiner eigenen Mitte zu!

∼ Tief in dir drin wirst du Ruhe und Frieden finden, vielleicht sogar Gott?

13. November

Die Gegenwart lässt sich nicht ohne die Geschichte verstehen.

14. November

Wie viel Zeit und Mühe investieren wir in unseren beruflichen Erfolg, unsere Fitness, Gesundheit oder Prestige?

~ Was bleibt da noch für das Geistige?

15. November

Die Menschen überfordern sich maßlos

und hasten durchs Leben.

~ Ent-schleu-ni-gung

tut not!

16. November

Lernen wir doch, innezuhalten und auch der Seele ihre Zeit der Ruhe zu gönnen!

17. November

Auch die Seele muss abschalten und zu sich kommen.

18. November

Die Gedanken sind oft wie lästige Fliegen
und lassen sich nur schwer verscheuchen.

19. November

Wer zu sich finden will und meditiert,
sollte seine Gedanken fahren lassen!

~ Sie kommen und gehen auch wieder.

20. November

Freiheit ist nichts Äußeres. Sie beginnt ganz tief in unserem Herzen.

21. November

Wer zu sich selbst findet, erkennt seine Illusionen und befreit sich von ihnen.

~ Kein einfacher Weg, aber er lohnt sich.

22. November

Man muss sich zunächst
selbst durchschauen, um sich
weiterzuentwickeln. Das ist wirkliche
Emanzipation!

23. November

Sich von seinen Illusionen und Masken zu trennen ist zunächst schmerzhaft, dann eine große Befreiung, ja ein Sieg!

24. November

Hast du eigentlich noch Träume?

~ Welche?

25. November

Erich Fromm meinte, Liebe sei kein Zufall!

~ Man könne sie erlernen wie ein Handwerk, ja wie eine Kunst.

26. November

Warum brauchen wir Masken?

∼ Vor wem oder was schützen sie uns?

27. November

Deine Wahrheit, meine Wahrheit?

~ Es gibt nur eine einzige Wahrheit.

28. November

„Die unter Tränen säen, werden mit Jubel ernten", sagt die Bibel.

~ Und wer am Abend verzweifelt ist, schöpft am nächsten Morgen wieder neue Hoffnung.

29. November

Der dankbare Mensch wird bescheiden
und genügsam.

30. November

Beten heißt nicht plappern und viele Worte machen. Man soll Gott ganz ehrlich gegenübertreten.

~ Vielleicht sagt man ihm einfach, dass man gar nicht beten kann ...

1. Dezember

Ja, es gibt sie, die Bewahrung, egal wie wir sie sonst noch nennen!

~ Um ein Haar wäre ich zum Verbrecher geworden.

~ Denn alles ist Gnade, alles!

2. Dezember

Die Naturwissenschaften bilden Modelle der Wirklichkeit ab, nicht die Wirklichkeit selbst.

3. Dezember

Am Gleichgültigen perlt die Wahrheit ab
wie am öligen Gefieder einer Ente.

4. Dezember

Wir widmen fast alle Aufmerksamkeit unseren leiblichen Bedürfnissen. Haben wir nicht auch eine Seele?

5. Dezember

Darf ich dich etwas fragen?

~ Wofür lebst du eigentlich, und was wünschst du dir, dass es die Menschen nach deinem Tod über dich sagen?

6. Dezember

Hat das Leben einen Sinn?

∼ Und welchen?

7. Dezember

Wenn Chinesen posthum über einen Menschen sagen, dass er gerecht war, ist es das größte Lob, das sie kennen.

8. Dezember

Die sogenannten Zufälle könnten auch eine andere Bedeutung haben.

~ Schon mal drüber nachgedacht?

9. Dezember

Zufall ist das,
was mir zu-fällt
oder widerfährt ...
Etwas geschieht, ohne mein Zutun.

10. Dezember

Raum und Zeit sind Konstruktionen des menschlichen Geistes, um das Leben zu bewältigen.

11. Dezember

Die vielen

» *Ismen* «

heute sind verdächtig. Sie haben den Menschen noch nie Gutes gebracht.

12. Dezember

Die Welt wird inzwischen von Eliten beherrscht. Es sind wenige tausend Superreiche, die bestimmen, wo es lang geht.

13. Dezember

Wenn man den Bogen überspannt, bricht er. Maßhalten ist angesagt!

14. Dezember

Wir werden einst nichts mitnehmen.

~ Wir wurden nackt geboren und verlassen diese Welt auch so.

15. Dezember

Was würdest du machen, wenn du morgen
den Jackpot gewinnen würdest?

16. Dezember

Lasst uns endlich unsere Masken
herunterreißen!

~ Ist doch kindisch, sich dahinter zu
verstecken.

17. Dezember

Wären wir nicht frei, gäbe es auch keine Verantwortung.

18. Dezember

Die bisherigen Flüchtlingsströme dürften erst die Vorhut gewesen sein.

19. Dezember

Wer jung ist, sollte sich auf das Leben vorbereiten.

~ Ein junger Vogel, der das Nest der Familie verlassen will, hat nur einen Flugversuch!

20. Dezember

Der Krieg sei der Vater aller Dinge, meinte Heraklit. Können wir nicht für den Frieden genauso erfinderisch sein!?

21. Dezember

Der Clown demonstriert es uns: Das
Leben ist ein Kinderspiel,
hätten wir nur mehr Humor!

22. Dezember

Meine Erfahrung, die deinige auch?

~ Immer wenn ich Tote sah, waren es für mich

» *Wachsfiguren* «,

so dass ich mich fragte: „Wohin entschwindet eigentlich die Seele des Menschen?"

23. Dezember

Sich in Freud und Leid gleich bleiben.

~ Stoischer Gleichmut, Ataraxia!

24. Dezember

HEILIGABEND

Eine Frage an Buddha: „Warum dieser Umweg über das mühsame Karma, die endlos vielen Wiedergeburten?"

~ Mit Christus gibt es einen direkteren Weg.

25. Dezember

WEIHNACHT

Wer will schon Krieg? Der normale Mensch wohl kaum.

~ Und heute, an Weihnachten, dem Friedensfest, ganz bestimmt nicht!

26. Dezember

2. WEIHNACHTSTAG

Kennen wir eigentlich noch Freude, richtige Freude? Weihnachten will das Fest der Freude sein.

27. Dezember

Wer liebt, strahlt von innen her.

~ Man sieht es an den Augen.

28. Dezember

Der Clown demaskiert uns. Wir erleben durch ihn unsere geheimsten Wünsche, aber auch Ängste, und lachen über uns selbst.

29. Dezember

Der Mensch muss zuerst und vor allem
in sich selbst Heimat und Geborgenheit
finden.

30. Dezember

Die Alten haben meist recht, aber wer hört schon auf sie?

31. Dezember

SILVESTER

Was würde ich anders machen, würde ich erneut geboren?

Dann fang doch heute noch damit an!

Hubert Michelis, geboren 1958 in Düren (Rheinland), wurde 1985 nach dem Studium der Philosophie und Theologie an der Bonner Universität zum Priester geweiht. Als Franziskanermönch arbeitete er u. a. in Indien für Mutter Theresa. Als er in Taiwan seine spätere Frau kennenlernte und sich für Heirat und Familie entschied, musste er seine Tätigkeiten in Kirche und Orden aufgeben. Nach diversen beruflichen Neuorientierungen arbeitete Hubert Michelis mehr als zwanzig Jahre als Bankangestellter. Mit seiner Frau lebt der dreifache Vater heute in Langen bei Frankfurt a. M. und betätigt sich als freier Schriftsteller und Maler. Außer dem Schreiben mag er Spaziergänge in Wald und Feld, gute Bücher und den gedanklichen Austausch darüber.

Bisherige Veröffentlichungen
beim Spica-Verlag:

8 VERHÄNGNISVOLLE KURZ(E)GESCHICHTEN
(2015)

DER SPIELER
(2016)

8 DISASTROUS SHORT STORIES
(2016)

BUDDHAS HEITERES LÄCHELN
(2017)

8 DISASTROSE STORIE BREVI
(2017)

16 KURZ(E)GESCHICHTEN MITTEN AUS DEM LEBEN
(2017)

REVOLUTIONSGEFLÜSTER
(2017)

weitere Veröffentlichungen:

DIE BAUERN
(2014, VERLAG MAINZ)

DER MÖRDER WAR SOKRATES
(2015, VERLAG MAINZ)

TRACY & DER SOLDAT
(2015, VERLAG MAINZ)

ISLAMISIERUNG DEUTSCHLANDS?
(2017, SWB MEDIA PUBLISHING)

AM TAG, ALS DIE TIERE VERSCHWANDEN
(2018, KARINA VERLAG)